Kaiserzeit auf dem Dorfe

Nis R. Nissen, 1925 in Neuendorf (Kreis Steinburg) geboren, studierte in Hamburg Geschichte, Germanistik und Philosophie. Er promovierte zum Dr. phil., seit 1964 ist er Direktor des Dithmarscher Landesmuseums in Meldorf. Sein besonderes Interesse – die Kulturgeschichte und ihre tiefgreifende Veränderung in den letzten 100 Jahren – spiegelt sich in dem von ihm geleiteten Museum wider. Der Autor arbeitete außerdem zeitweise als Journalist und veröffentlichte bereits mehrere Bücher.

Druck und Satz: Heider Offsetdruckerei · Pingel
Lithografie: Inter-Litho, Harrislee
Einband: Werkstatt für Behinderte, Meldorf
Printed in Germany
ISBN 3-88089-027-7

Nis R. Nissen

Kaiserzeit auf dem Dorfe

Landleben um 1900 auf Fotos von Thomas Backens

Dithmarscher Presse-Dienst Verlag · Heide

Der Fotograf

Thomas Backens

Die Fotos in diesem Band stammen von Thomas Backens. Er war eigentlich Musiker, freilich ohne je zum Tanz oder im Konzert aufgespielt zu haben. Er hatte das Musizieren halt nur gelernt in den 70er Jahren des vorigen Jahrhunderts. Ehe er es Brahms oder Johann Strauß nachmachen konnte, sattelte er um auf Fotografie. Um 1880 machte er sich in Meldorf selbständig. Damals war er 21 Jahre alt (1859 wurde er geboren). Aus Meldorf stammte auch seine Frau, mit der er nach Marne umzog.

Wer ein Baby über das Taufbekken hielt, wer Kinder konfirmieren ließ oder sonst einen denkwürdigen Tag feierte, ging zu Backens ins Atelier und ließ sich nach damaliger Sitte vor einem schön gemalten Hintergrund fotografieren. Das war ein besonderes Ereignis. Man zog dazu seine Sonntagskleidung an und setzte sein Feiertagsgesicht auf. Würdig wollte jeder aussehen und wie ein wohlbetuchter Bürger, auch wenn er nicht viel „auf der Naht" hatte.

Besäßen wir nur diese vielen, für die damalige Zeit üblichen Porträts, wüßten wir wenig darüber, wie die Leute aussahen, welche Kleidung die Kinder auf dem Spielplatz oder in der Schule und die Erwachsenen auf dem Weg zum Acker oder beim Holzhacken trugen. Dank der Bilder von Thomas Backens sind wir besser informiert. Diese Bilder erzählen allerdings nur aus der Umgebung von Marne, soweit Thomas Backens sie mit dem Fahrrad am Tage erreichen konnte. Dabei ist zu bedenken, daß er einen schweren Fotoapparat zu transportieren hatte, eine große Kiste sozusagen, mit der auf einem Hochrad zu fahren eine artistische Leistung war. Die Straßen waren natürlich nicht asphaltiert, bestenfalls mit Klinkersteinen belegt – aber nur bestenfalls. Sehr oft bestand die Straßendecke aus Sand oder, was viel schlimmer war, aus Marschenkleie. Dieser Untergrund ist nur fest, hart und befahrbar, wenn er sehr trocken ist.

Thomas Backens jedenfalls saß nicht in seinem Atelier und wartete darauf, daß die Leute zu ihm kamen. Er tauchte ungefragt bei ihnen auf.

Backens fotografierte, was ihn interessierte, auch ohne dabei an die geschäftliche Seite seines Berufes zu denken. Er wollte die Menschen „life" – wie wir sagen würden –, ungeschminkt, in Alltagskleidung vor und in ihren Häusern. Gerade auch die einfachen Menschen, die Landarbeiter, ihre Frauen und Kinder, die Fischer, die Schiffer und andere waren für ihn wichtige Motive.

Nicht immer gelang es ihm, „Schnappschüsse" zu machen. Ehe er seinen Kasten aufmontiert hatte, standen die anvisierten Fotomotive schon in Positur. Schließlich dauerte es eine ganze Zeit, ehe er seinen großen Fotokasten schußbereit hatte. Wenn es dann losgehen konnte, brauchte der Fotograf teilweise mehrere Sekunden zur Belichtung. Dennoch war Thomas Backens darauf aus, viele Bilder wie Momentaufnahmen erscheinen zu lassen. Wer genau hinguckt, kann oft genug sehen, wie die Abfotografierten heimlich doch in Positur standen oder aber ein wenig schauspielerten, wie er es wünschte.

Die Regieanweisungen lassen sich manchmal herauslesen: Wie einer seine Säge ansetzt, seine Ziege streichelt, eine Schüssel übergibt, seinen Spaten hält oder was er auch immer tut. Das wirkt oft genug wie Laienspiel. Und das war es ja auch. Sicherlich kam es Thomas Backens zugute, daß er Musiker war, also Sinn hatte für etwas Künstlerisches, Schauspielerisches auch, für Arrangements.

Man sollte sich also hüten, die Bilder so naiv zu betrachten, wie die heutigen Momentaufnahmen. Dennoch sind sie von außerordentlichem Wert für uns. Mögen die Frauen sich auch kurz durch die Haare gefahren sein, sie tragen auf den Fotos doch – oft – ihre alltägliche Kleidung, sie hantieren mit den gewohnten Gerätschaften, sitzen im Hause, am Tisch, in der Küche oder wo auch immer, so daß wir einen Blick in eine Welt tun können, die uns ohne Thomas Backens verschlossen geblieben wäre. Und das ist beileibe nicht nur die Welt von Marne und den Högen. So wie hier sah es sicher auch in vielen Häusern anderer Gegenden aus.

Die Fotos von Thomas Backens sind für uns ein seltener Schatz. Aus Dithmarschen wenigstens ist uns niemand bekannt, der damals dem täglichen ländlichen Leben ähnlich beharrlich mit der Kamera nachgespürt hat. Dazu brauchte man nicht nur eine gute Kondition, künstlerische und fotografische Begabung, sondern auch eine „Zielvorstellung", wie wir dazu heute sagen. Man mußte etwas im Auge haben. Was war es? So einfach nur Menschen, gute Porträts?

Ich kann es nicht beweisen, bin aber überzeugt davon, daß Backens von Gedanken bewegt wurde, die damals Maler antrieben, zum Beispiel in das öde Moor nach Worpswede zu ziehen, oder von denen Schriftsteller bewegt wurden, das Leben in den Dörfern, auf den Höfen und in den Landarbeiterkaten zu schildern. Sie alle spürten der Idee vom „einfachen" Leben nach, das nicht durch gesellschaftliche Regeln und Kulissen verstellt war, vom Leben ohne Luxus, in dem es nur und unmittelbar um das tägliche Brot ging, in dem die Kinder barfuß liefen und die Omas ihre Socken selber strickten.

Viele Städter sahen damals in diesem Leben ein Ideal, zu dem sie gern zurückkehren wollten. Und sie übersahen die Armut, die Kümmernis, die Härte, die es für viele mit sich brachte.

Wie auch immer Thomas Backens es gesehen oder gemeint hat, für uns sind seine Bilder von bedeutendem Wert. Wir ahnen etwas in ihnen von diesem einfachen Leben, „einfach" in doppeltem Sinne, dem Leben ohne viel Geld, aber auch dem Leben in einer Umgebung, die uns heute vorzeitlich anmutet, obgleich die meisten Fotos in unserem Jahrhundert geschossen wurden. Freilich am Anfang unseres Jahrhunderts. Wie aber hat sich seitdem die Welt verändert! Sie ist von 1900 weiter entfernt, als es die Jahrhundertwende vom Mittelalter war.

Von unserem Standort aus gesehen wird es plötzlich nebensächlich, ob die einzelnen Fotos 1890 oder 1910 fotografiert sind, und aus welchen Motiven Thomas Backens sie machte. Es fällt nicht einmal ins Gewicht, daß wir häufig nicht wissen, wie die Leute heißen und wo ihr Haus stand. Backens wußte das sicherlich alles, hat es aber leider nicht aufgeschrieben.

Glücklicherweise hat die Marner Zeitung/Norddeutsche Rundschau 1975 eine Aktion gestartet, in der sie die Fotos veröffentlichte und ihre Leser um Mithilfe bei der Identifizierung bat, mit einigem Erfolg. So lassen sich zu manchen Bildern Geschichten erzählen. Aber auch dort, wo das nicht möglich ist, bleiben die Fotos für uns interessant. Wir blikken mit ihnen zurück in eine Welt, die wir verlassen haben, schnell und gründlich und auf allen Lebensgebieten.

Ist das Leben darum für uns leichter geworden? Sicherlich. Kommen wir besser zurecht mit dieser Welt? Und werden wir unseren Lebensstil auf die Dauer halten können?

1 Holzklompen, Wollsocken und Spinnrad – damals keine romantische Spielerei, sondern Alltag.

2 Eine stille Stunde für Handarbeit, begleitet vom Pendelschlag des Regulators.

Trautes Heim — Glück allein?

Ach, wer hat nicht davon gehört, wie gemütlich es damals war, wenn Oma saß und spann, wenn sie häkelte oder strickte, in der gemütlichen Ofenecke, beim Schein einer Petroleumlampe, und ihre Geschichten erzählte!

Natürlich erzählten alle Omis, wenn sie ihre Handarbeiten machten, wenigstens in den Geschichten, die über sie erzählt werden. Man darf wohl glauben, daß es gemütliche Stunden gab, wenn die Lampe nur einen kleinen Kreis im Zimmer erhellte und die Bewohner sich um den warmen Ofenplatz scharten. Das gab Geborgenheit in einem Haus, das sonst im Dunklen lag und im Kalten.

Denn nicht nur der Mode wegen hatten diese Omas alle lange Röcke an und ihre Spitzenhäubchen auf dem Kopf. Irgendwoher zog es nämlich immer. Und manche Stuben hatten offensichtlich weder einen Bretterfußboden, noch lag ein Teppich darin. Auf dem Bild Nr. 3 sieht der Boden doch sehr nach Lehm aus.

Die Spinnerin saß zwar auf Holzdielen, dennoch stecken ihre Füße in dicken Wollsocken und Holzklompen; und auch das nicht nur der Mode wegen (Abb. 1), Holzschuhe waren damals die billigsten. Zugleich waren sie auch praktisch. Und Holzsohlen hielten schön warm von unten.

Eine der alten Frauen sitzt unter einem Regulator, einer Pendeluhr, deren Pendelschlag reguliert werden konnte (Abb. 2). Dieser Uhrentyp hielt seinen Einzug in die Stuben am Ende des vorigen Jahrhunderts (und ist nicht zu verwechseln mit der Uhr auf der Abbildung 3). Die Stube, in der der Regulator hängt, sieht überhaupt sehr „biedermeierlich" aus mit gehäkelten Decken, Lochstickerei, mit schönen Gardinen vor dem Fenster und poliertem Tisch.

Die beiden anderen Omas hingegen sitzen in alten Bauernstuben, vor ihren Betten. Sie schliefen und wohnten also noch in demselben Raum. Das war früher selbstverständlich – oft für ganze Familien. Die Decke mit dem Holzbalken scheint dringend sanierungsbedürftig. Sie hat Risse, Feuchtigkeitsflekken, ist auch ziemlich wellig. Und auch am Fenster platzt ein wenig von der Tapete ab (Abb. 3).

Bestimmt waren die Wände feucht. Vielleicht war das Bett aufgedeckt, damit es ein bißchen trocknete. Die Bettdecke scheint aus grobem Leinen zu sein, und ich bilde mir ein, man kann an ihr sehen, daß Waschen recht mühselig war, gerade im Winter. Und auch für die Körperwäsche gab es kein Badezimmer, vielleicht noch nicht einmal eine spezielle Schüssel.

Es könnte sich so verhalten haben, daß die vor ihrem aufgeschlagenen Bett sitzende Frau einen Mann oder Söhne hatte, die nach England fuhren, als Seefahrer, von Neufeld aus vielleicht. Wenigstens gelten die Hunde, die auf der Kommode stehen, als typische Souvenirs aus englischen Häfen. Möglicherweise hat ein männliches Familienmitglied bei „Preußens" gedient: Auf dem Tisch steht nämlich ein Porträtfoto (von Backens gefertigt?) in einem Rahmen aus Patronenhülsen. Der Eindruck entsteht, als sei es absichtlich dort hingestellt worden, damit es zusammen mit der alten Dame im Foto zu sehen ist.

Die Frauen wußten, daß sie fotografiert wurden – also keine Momentaufnahmen. Sie hielten während der Aufnahme still. Die Bilder sind sehr gut komponiert. Wieder einmal wird deutlich: Thomas Backens war ein Künstler. Es existieren aus der damaligen Zeit Zeichnungen, Gemälde, die so ähnlich aufgebaut sind. Ein guter Fotograf, wie Backens einer war, „malte" mit der Kamera.

3 Schlafen und Wohnen in einer Stube.

4 Die Schusterwerkstatt diente auch als Küche und Klönecke.

5 Die Pause beim Gänserupfen auf der zugigen Vordiele wurde eigens für den Fotografen eingelegt.

dpd-Depesche
Neues vom norddeutschen Buchmarkt

BÜCHER BEIM BUCHHÄNDLER

Nummer 2 Herausgeber: Dithmarscher Presse-Dienst Verlag · 2240 Heide · Rehdamm 10 **Kostenlos**

Anregungen zum Verschenken und Selberlesen

Ein erweitertes Verlagsprogramm: Da macht das Bücherkaufen Spaß

NEU

Kaiserzeit auf dem Dorfe

Dreih di ni um

Dei Lüd vun Wangelin

Is jo nix passeert

Schönes Dithmarschen

Kunstblätter III

*

Sonderpreis! Hermann Glüsings Buch jetzt 12,80 DM

Überall im Buchhandel

Erneut legt der Dithmarscher Presse-Dienst Verlag in Heide ein vielfältiges Verlagsprogramm mit zahlreichen Anregungen zum Verschenken und Selberlesen vor. Der Fotoband „Kaiserzeit auf dem Dorfe" fällt darin besonders auf. In der niederdeutschen Reihe stellt sich Friedrich Wasmund mit dem Band „Dei Lüd vun Wangelin" als neuer dpd-Autor vor.

Die „dpd-Bücher" sind in allen guten Buchhandlungen zu erhalten. Ein Tip: Zeigen Sie bei Bestellungen Ihrem Buchhändler bitte diesen Prospekt oder sagen Sie ihm den genauen Titel, den Autoren und die Verlagsanschrift. Am besten nennen Sie ihm die sogenannte ISBN-Nummer, die in dieser Zeitung zum jeweiligen Buchtitel genannt wird. Das ist die Bestell-Nummer, mit deren Hilfe Ihr Buchhändler Ihren Buchwunsch am schnellsten erfüllen kann.

*

Der Verlag freut sich, wenn Sie ihm Wünsche und Anregungen zu seinem Programm mitteilen und Ihre dpd-Depesche auch weiterreichen. Er schickt Ihnen gern eine neue zu.

Neu, Großformat 29,80 DM

Fotos vom Landleben zur Kaiserzeit. Der Fotograf Thomas Backens hat ein echtes, wertvolles Dokument jener Zeit geschaffen, in der sich ein großer Wandel im Leben der Menschen vollzog. „Die Motive sind von einer ungemein imponierenden, tiefen Aussagekraft. Sie wurden von Nis R. Nissen textlich lebendig aufbereitet." (Norddeutsche Rundschau)

ISBN 3-88089-027-7

Großformat 19,80 DM

13 Motive der norddeutschen Landschaft sind in diesem Kalender wiedergegeben. Ulla Ruissalo, in Finnland geboren, lebt heute in Langenhorn/Nordfriesland. Die Künstlerin – durch zahlreiche Ausstellungen bekannt – zeichnet sich durch ihren lebhaften, liebenswert-unbeschwerten Stil aus.

ISBN 3-88089-026-9

Neu 7,80 DM

Humorvoll und dickköpfig sind „Dei Lüd vun Wangelin": Die Adligen, Bauern, Kaufleute und Handwerker im alten Mecklenburg.

ISBN 3-88089-031-5

Neu 7,80 DM

Aufmerksam hat Elsa Peters Vorgänge und Veränderungen in ihrer Umwelt beobachtet und gibt sie in beeindruckenden Schilderungen wieder.

ISBN 3-88089-032-3

Neu 7,80 DM

Neue Geschichten von Schipper, dem kleinen krummbeinigen Bengel mit dem Silberblick und dem unerschöpflichen Vorrat an „Grappen".

ISBN 3-88089-033-1

Kunstmappen

Rusch 28,– DM

Die Mappe „Kunstblätter I" enthält 13 großformatige Drucke von Federzeichnungen des Künstlers Jens Rusch, einer davon wurde handsigniert.

ISBN 3-88089-014-5

von Hassel 19,80 DM

Der Mensch und die Landschaft stehen im Mittelpunkt der Arbeiten in „Kunstblätter II" der Meldorfer Künstlerin Gertrud von Hassel. Radio Bremen urteilt: „Der Druck ist hervorragend in der Qualität der Wiedergaben, so daß die Kunstblätter Schmuckblätter für das Heim werden können."

ISBN 3-88089-020-X

Vahle 19,80 DM

„Claus Vahle dringt tiefer als ein 'Nur-Heimatmaler'. Seine Darstellungen sind beispielhaft für die künstlerische Kritik an falschem menschlichen Handeln." (Elmshorner Nachrichten)

ISBN 3-88089-030-7

Jedes Exemplar handsigniert

Jens Rusch: So funktioniert Dithmarschen

„In seinem Band 'So funktioniert Dithmarschen' hat Jens Rusch die Besonderheiten und Absonderlichkeiten dieser norddeutschen Landschaft absurd-komisch aufgezeichnet." (Pardon)

„In der Tat ist das 'Wattpsychologische Institut zu ganz neuen Deutungen Dithmarscher Lebensweise gekommen, es trägt auch unzweifelhaft zur Klärung von Begriffsverwirrungen bei. Mit einem kräftigen Schuß Nonsens wird dem Leser mit ironischer Feder dieses außergewöhnliche Dithmarschen vor Augen geführt. Da gibt es Anleitungen für Frucht-, Gemüse- und Seehundsreparaturen.

Die Tiernamen werden phantasiereich mit ironisch-witzigen Zeichnungen gedeutet."

(Flensburger Tageblatt)

„Es ist erstaunlich, wie selbstverständlich doch manche der Erkenntnisse aus der 'Wattpsychologischen Forschung' sind – nur muß man darauf kommen. Nun, der Autor und passionierte Dr. h. c. watt psych. Jens Rusch hat mit seinen Mitarbeitern Leo Landunter (Gezeitenkundler) und Schobert Schlickfuß (Prof. für Tidenphilosophie) zur Aufhellung manches Rätselhaften beigetragen. Wer Sinn für Humor, für Gags und Spötteleien hat, sollte sich dieses Buch nicht entgehen lassen." (Husumer Nachrichten)

„In seinem witzelnden Bildband nimmt er Landschaft und Leute liebevoll auf die Schippe. Alles streng wissenschaftlich nach den Erkenntnissen des Wattpsychologischen Instituts Brunsbüttel." (Hamburger Morgenpost)

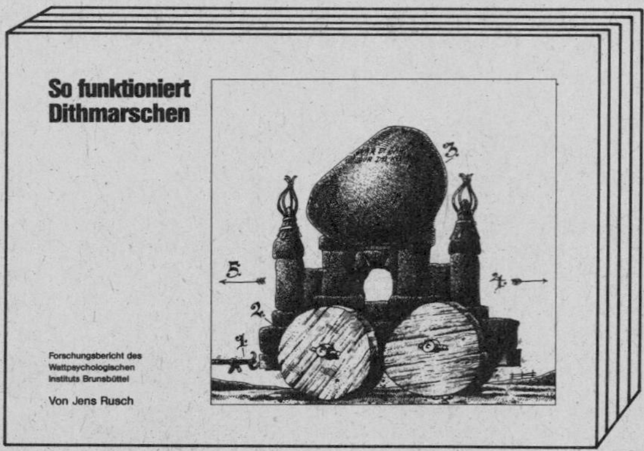

Gebunden 28,– DM

ISBN 3-88089-013-7

Postkartenbuch

12 Postkarten 6,80 DM

Ein attraktiver Band mit 12 einzeln heraustrennbaren Postkarten, die Federzeichnungen zu beliebten, typischen Motiven der hiesigen Landschaft zeigen.

ISBN 3-88089-028-5

Jens Rusch zeichnet Büsum

9,80 DM

„Mit Skizzenblock und Zeichenfeder wanderte der Künstler Jens Rusch durch das Nordseeheilbad Büsum. Wie er den Kurort sieht und empfindet, hat er in zahlreichen Federzeichnungen festgehalten". (DLZ)

ISBN 3-88089-005-6

Mit wenigen Strichen liebevoll skizziert

Peter K. Schaar: »Haseldorfer Marsch«

„In den Kreis Pinneberg, in die Haseldorfer Marsch, führt Peter K. Schaar den Betrachter dieses Werkes. Mit wenigen Strichen hat er die Atmosphäre eingefangen, die der Marsch entströmt und die Liebe zu dieser Landschaft erweckt." (Glückstädter Fortuna)

„Eine knorrige Weide, ein abgetakelter Heuwagen, das schiefe Scheunendach – man erkennt die Marsch wieder. Die Liebe zum Land ist in den Marschmotiven zu spüren. Schaars Drucke wirken auch ohne Worte." (Elmshorner Nachrichten)

„Der Betrachter spürt, daß es die Haseldorfer Marsch dem Künstler wirklich angetan hat. ... die Dorfsilhouette, der Deich, Büsche und Sträucher; Peter K. Schaar hat die Atmosphäre eingefangen, die in der weiten und schönen Landschaft vor den Toren Hamburgs liegt." (Wirtschaft zwischen Nord- und Ostsee)

ISBN 3-88089-006-4

9,80 DM

»Für alle Kunstinteressierten ein empfehlenswertes Buch«

Gertrud von Hassel – Eine Werkschau

„Für alle Kunstinteressierten ein empfehlenswertes Buch", urteilt die Zeitschrift „Wirtschaft zwischen Nord- und Ostsee" über den anläßlich des 70. Geburtstages der Künstlerin herausgegebenen Kunstband. Die Zeitschrift weiter: „Mit 13 farbigen und 50 schwarz-weißen Wiedergaben bekommt der Leser auf 96 Seiten einen eindrucksvollen Einblick." „Dr. Gunhild Roggenbuck hat auf zwölf Seiten die gezeigten Werke in einem Textbeitrag kunsthistorisch eingeordnet." (Nordd. Rundschau)

ISBN 3-88089-021-8

Mit farbigen Abbildungen, gebunden 39,80 DM

Mit dem Buch **„Grootvadder's Lüttenheid"** (ISBN 3-88089-023-4) setzt Elsa Peters ihre niederdeutsche Bücherfolge fort. „Die Erzählung markiert einen Höhepunkt ihrer schriftstellerischen Laufbahn. Sie läßt aus eigenem Erleben das Bild einer norddeutschen Kleinstadt um die Jahrhunsertwende entstehen." (Marner Zeitung)

6,80 DM

Beeindruckende Werke der 73jährigen Autorin

Elsa Peters' niederdeutsche Bucherfolge

Als besonderen Lesegenuß bezeichneten die „Lübecker Nachrichten" den Band **„Plattdüütsche Fabeln"**. (ISBN 3-88089-010-2) Trefflich illustriert ist auch dieses Buch von Holger Christiansen. Seine bezaubernden Federzeichnungen fügen sich harmonisch in den Text ein und geben den optischen Rahmen."

Gerd Lüpke in der Zeitschrift „Unser Mecklenburg" zu Elsa Peters' **„Sünnschien un Regen"** (ISBN 3-88089-000-5): „Es ist ein hübsches und gutes Buch. Gleich die Titelgeschichte weist aus, daß diese Autorin sich nicht scheut, aus ihrem Herzen heraus zu schreiben. Gewiß, das ist vielen Fortschrittlern heutzutage verdächtig – aber es ist doch, und das glaubt zum Glück nicht nur der Rezensent, die beste und am meisten überzeugende Art, Geschichten zu erzählen."

Die Zeitschrift „Schleswig-Holstein" über **„Wo de Wind vun Westen weiht"** (ISBN 3-88089-004-8): „Elsa Peters nimmt darin vornehmlich Land und Leute der Westküste zum Thema. Gerade die Natürlichkeit, in der sie erzählt, macht die Lektüre zu einem besonderen Erlebnis."

In der „Holsteiner Zeitung" stand über **„Wiehnachtstiet bi uns to Huus"** (ISBN 3-88089-012-9): „In ihren Geschichten erinnert Elsa Peters an längst Vergangenes und doch noch Vertrautes, an Dinge, die in einer Zeit der Hektik und des Materialismus' vielfach verloren gegangen sind. Die Illustrationen stammen aus der Feder des Pinneberger Künstlers Peter K. Schaar."

5,80 DM

7,80 DM

7,80 DM

6,80 DM

H. Matthiesen »De Fomilnbesitz«

„Von alten und jungen Menschen der Waterkant erzählt der Büsumer Autor Hellmut Matthiesen in seinem ersten Buch. Seine in niederdeutscher Sprache verfaßten Erzählungen spiegeln den ruhigen, gemütlichen Charakter der Küstenbewohner. Mit schmunzelndem, hintergründigen Humor schildert er typische Begebenheiten zwischen Kurgästen und Einheimischen. Besonders am Herzen liegt ihm die Problematik alter Menschen, die 'op't Olendeel' gehen müssen." (Flensburger Tageblatt) Gertrud von Hassel illustrierte das Buch.

6,80 DM

ISBN 3-88089-022-6

Verteln ut dat ole Dörp Goorn

Hanns-J. Stender: »Nix as Grappen«

„Von den Streichen zweier Lausejungen berichtet Hanns-Jörn Stender in seinem niederdeutschen Erzählband. Meisterlich versteht er es, in seinen heiter-lebendigen Schilderungen das Milieu des Kieler Arbeiterviertels 'Dörp Goorn' der Vorkriegszeit widerzuspiegeln." (Husumer Nachrichten)

„Hinter dem Heiteren aber verbirgt sich auch einiges mehr, denn Gaarden ist Arbeiterviertel und die handelnden Personen sind Arbeiterkinder, d. h. dieses Buch gibt einen Einblick in ihre Welt, die nicht dichterisch verklärt gesehen wird, sondern – sprachlich nicht allzusehr verfeinert – auch aus der Idylle hinausführt. Der Verfasser, selbst Erzieher von Beruf, vermag sich nicht nur zu erinnern, sondern in die Welt der Kinder zu vertiefen." (Radio Bremen)

„Die Illustrationen von Horst Kluger sind eine gelungene Ergänzung." (Kieler Nachrichten)

6,80 DM

ISBN 3-88089-018-8

260 Strophen – humorvoll illustriert

»Dat Leed vun de Herr Pastor sien Koh«

„Peter Eggers, unermüdlich in der Pflege der plattdeutschen Sprache, hat in langjähriger Suche insgesamt 260 Strophen des bekannten Volksliedes aufgestöbert. Das bereitet Freunden des plattdeutschen Humors Vergnügen." (Hamburger Abendblatt)

„Ihre ausführlich gereimte Verwertungsgeschichte hat mir viel Spaß gemacht, vor allem auch, weil sie Ausdruckskraft, Humor und Bildhaftigkeit des Plattdeutschen so eindrucksvoll dokumentiert." (Willy Brandt)

„Der Herausgeber teilt Interessantes über die Entstehung dieses Liedes und über seinen kulturgeschichtlichen Hintergrund bis hin zur Antike mit, woraus ... überraschend klar geworden ist, daß wir es hier mit einem Stück echter Volkspoesie zu tun haben." (Nordfriesland)

ISBN 3-88089-002-1

4,80 DM

6,80 DM

Plattdüütsche Snacks un Döntjes

„Ein besonders originelles Buch: Andreas Schröder, Meister im Erzählen von schnurrigen Begebenheiten, hat sie zusammengetragen. Er gibt aus seinem unermeßlichen Schatz von Sprüchen und Döntjes in seinem Buch lediglich eine erheiternde, teilweise zwerchfellerschütternde Kostprobe zum Besten. Etliches davon stammt aus dem 18. Jahrhundert; es ist Schröder mündlich überliefert worden. Das Erstaunliche an seiner Sammlung ist, daß sie größtenteils auf wahren Begebenheiten beruht. Illustriert wurde der Band von Willi Dohrmann." (Nordfriesisches Tageblatt)

ISBN 3-88089-011-0

Reimer Franck und Ulf Meislahn laden ein

Zu Besuch bei Töpfern und Webern

Zu Besuch bei Töpfern und Webern laden die Autoren Reimer Franck und Ulf Meislahn ein. Über das von Reimer Franck verfaßte Buch **„Zu Besuch in den Dithmarscher Museums-Werkstätten"** (ISBN 3-88089-017-X) heißt es im „Bauernblatt":

7,80 DM

7,80 DM

„Lebendige schleswig-holsteinische Geschichte und die Tradition der Weberkunst werden dem Leser dieses Bandes in klarer, verständlicher und aufschlußreicher Sprache erläutert. Er erfährt interessante Details zu den einzigartigen, schönen und wertvollen Erzeugnissen der Dithmarscher Museums-Werkstätten.

Die „Dithmarscher Rundschau" über Ulf Meislahns **„Zu Besuch in der Tellingstedter Töpferei":**

„In ganz Deutschland und darüber hinaus sind sie bekannt und werden geschätzt: Die schönen, wertvollen Erzeugnisse der Tellingstedter Töpferei. Die ganz spezielle Gestaltung der individuellen, prachtvollen Keramiken spiegelt sich in einem Bildteil wider.

(ISBN 3-88089-016-1)

Erinnerungen des Kreispräsidenten

Geb., 200 S., Fototeil
Sonderpreis **12,80 DM**

„Glüsing schreibt . . . geradeaus und ohne Hintergedanken und sagt, was er denkt – über sich und über die anderen. Da tauchen, durch Hermann Glüsings Augen besehen und taxiert, die Großen dieser Welt auf. Zirkelschlag um ein Politikerleben, Döntjes, und Bilanz eines, der sich gemüht hat, es gut zu machen.

Der diese 200 Seiten geschrieben hat, ist ein ehrlicher Mann." (Norddeutscher Rundfunk)

Reiseskizzen von Heiner Egge

Über die Straßen hinaus

„Über die Straßen hinaus" heißen die Reiseskizzen des jungen Autoren Heiner Egge, der 1977 mit der Fördergabe zum Georg-Mackensen-Literaturpreis für die beste deutsche Kurzgeschichte ausgezeichnet wurde. Mit dem Buchtitel verbindet sich: Die ausgetretenen, gut asphaltierten Pfade zu verlassen, nachzusehen, was jenseits der Begrenzungspfähle zu erfahren ist. Es sind Geschichten angelegt in diesen Aufzeichnungen von unterwegs, wer will, kann sie weitererzählen. „Reisen ist nicht die schlechteste aller möglichen Lebensformen", sagt der Autor zu seinem von Claus Vahle illustrierten Buch.

6,80 DM

ISBN 3-88089-025-0

Oskar Behrens erzählt:

»Büsumer Sagen und Döntjes«

„Den Duft von heißem Tee, das Knacken des dicken Kandis in der Tasse und das flackernde Kerzenlicht während einer 'Teestunde am Spinnrad' will dieses Büchlein mit ausgewählten Sagen, Döntjes und Rezepten für Büsumer Getränke vermitteln. Die bezaubernden Illustrationen fertigte Ursula Kühnemann." (Heider Bürgerspiegel)

4,80 DM

ISBN 3-88089-001-3

Sachbuch für kleine Leser

Abenteuer eines Aales

„Es gibt Leute, die überhaupt nicht wissen, wer Anguilla ist – und dabei essen alle so gern Aal!" Gabriele Peters, Biologin an der Hamburger Universität, beschreibt in 14 kurzen und gut verständlichen Texten die Lebensgeschichte eines Aales. Für jeden Text hat der Künstler Jens Rusch eine Federzeichnung gefertigt.

ISBN 3-88089-024-2

6,80 DM

Ich bestelle

aus dem Dithmarscher Presse-Dienst Verlag,
Rehdamm 10, 2240 Heide

Bestell-Coupon

Meine Buchhandlung:

Name Vorname

Straße Postleitzahl/Ort

Datum Unterschrift

K: Libri, GW, beide Hamburg

Alle Titel gibt es im Buchhandel. Der dpd-Verlag liefert umgehend aus.

Das Foto, auf dem „Muttern" Kartoffeln schält und „Vatern" den Schusterhammer in der Hand und den Leisten auf den Knien hält, ist mit Sicherheit arrangiert (Abb. 4). Dennoch ist es ein großes Geschenk für uns. Wer weiß, ob die Ehefrau immer die Kartoffeln in der Werkstatt ihres Mannes geschält hat? Vielleicht nur dann, wenn die beiden ein Wort miteinander reden wollten – oder wenn die Sonne dort hinein schien?

Die Wachstuchdecke auf dem Tisch in der linken Ecke läßt allerdings vermuten, daß diese beiden doch immer zusammensaßen und sich auch den Tisch teilten, für die Kartoffeln die eine Seite und die Stiefel die andere. Wem fällt da nicht das Lied ein von dem Keller, in dem es „duster" ist und in dem ein armer Schuster wohnt? Dunkel allerdings ist es auf diesem Foto nicht, aber in beengten Verhältnissen lebte wohl die Schusterfamilie. Für unsere Zeiten scheint eine solche Szene undenkbar geworden zu sein.

Alle Frauen trugen Schürzen. Darin ließen sich die Kartoffeln hereintragen oder aus dem Keller holen, auf ihr ließen sich auch Gänse rupfen (Abb. 5). Und das geschah offenbar in einer Ecke auf der Vordiele, vermutlich in einer zugigen Ecke, und bestimmt ohne einen wärmenden Ofen. Wo dieses Bild entstand, ist nicht bekannt. Es könnte eine Familie darauf abgebildet sein – Mutter und zwei Töchter. Der hinter ihnen stehende Mann könnte der Bauer gewesen sein, steht aber offensichtlich nur deshalb dort, weil der Fotograf die Gruppe „ablichten" wollte. Der Junge mag zu der Frau links gehören, die ihre Füße in Wollsocken und Holzpantinen auf den Mauerstein gestellt hatte. So rutschte die Gans nicht dauernd vom Schoß; und auch war die Kälte, die von der Lehmdiele aufstieg, nicht so sehr zu spüren.

Obwohl die Arbeit im Hause ausgeführt wird, tragen die abgebildeten Personen alle eine Kopfbedek-

6 Der aufgemauerte Herd war damals noch typisch für Arbeiterkaten.

kung. Im Hintergrund auf der Kiste stehen eine Flasche und ein Glas, vermutlich ein Umtrunk, der hin und wieder für Erwärmung und Ermunterung sorgte.

Schon immer war Wärme sehr wichtig für die Menschen. Oft wurde sie damals, zu Thomas Backens Zeiten, allein von einer Feuerstelle im Haus gespendet. In vielen Wohn-

7 Am offenen Herd.

stätten war das immer noch ein offenes Feuer auf einem gemauerten Herd (Abb. 6). In den Bauernhäusern war solch ein Herd im Gegensatz zu den Arbeiterkaten sicher nur noch selten zu finden, denn wer von denen, die für Taglohn arbeiteten, konnte sich den Luxus eines eisernen Herdes leisten? Er kam aus der Fabrik, mußte bezahlt und eingebaut werden. Dabei ließ sich wenig selbst tun – es setzte schon eine gewisse Fertigkeit voraus.

So saßen und standen die Arbeiterfrauen in ihrem Haushalt am offenen Feuer, Rauch und Hitze schlugen ihnen entgegen.

Eine Küche ist das eigentlich nicht, in die wir da hineinschauen, sondern mehr ein Flurstück, eine Diele, wie man wohl sagte, aber eine Diele mit den Ausmaßen eines kleinen Flures. Sie diente der Hauswirtschaft und war typisch für diese kleinen Häuser. Dieser Flur hatte einen Stein- oder Lehmfußboden. Der Tisch mußte für vieles herhalten und sah entsprechend aus. Ein kleiner Bretterschrank und bestenfalls ein Regal waren die eigentliche, ärmliche Ausrüstung dieser „Küche". Die Truhen, die auf dem Bild gegenüber dem Herdfeuer zu sehen sind, gehörten eigentlich nicht zur Kücheneinrichtung (Abb. 7). Sie dienten zur Aufbewahrung von Kleidung, Bettdecken und weiteren Textilien. Sonderlich rein halten ließ sich das alles nicht – zumal Reinlichkeit nicht unbedingt zu den damaligen Idealen gehörte. Sie wäre auch ein mühseliges Unterfangen gewesen bei dem ständig rauchenden Herd und dem Schmutz vor der Haustür.

Küchenschränke waren Luxusartikel. Die Töpfe und Pfannen wurden an Nägeln unter die Decke gehängt oder irgendwo hingestellt. Es wurden alle Arten von Hausrat gebraucht: Kummen und Durchschläge vom Töpfer, Kruken, bezogen über den Handel aus auswärtigen Großtöpfereien, Emailleschüsseln und gußeiserne Töpfe aus der Fabrik, gekauft im Dorfladen. Vielleicht haben die Frauen die gußeisernen Töpfe irgendwo geerbt. Sie sind eigentlich für einen eisernen Herd gedacht. Auf ihm ließen die Kochgeräte sich nämlich in eines der runden Herdlöcher stellen, wobei die Ringe um den Topf auf dem Rand des Herdloches hängenblieben, so daß der Boden des Topfes dicht an der Glut lag.

Vor der Truhe steht eine Katzenschüssel, dabei die unvermeidlichen Holzpantoffeln. Sicher ist es reiner Zufall, daß nicht ein Huhn oder ein Entenküken mit auf dem Bild erscheinen. Die hatten in der Regel freien Zugang in die Küche. Natürlich wird man auch einen Ausguß vermissen, nicht zu reden vom Wasserhahn.

Das Wasser mußten die Menschen von draußen holen (Abb. 8).

8 Der Wassereimer aus Holz wurde vom dauerhafteren und billigeren Emaillegefäß abgelöst.

9 Kleine Tümpel lieferten Wasser für Mensch und Vieh.

10 Abwäsche vor der Achterdör.

Früher wurden dazu Holzeimer benutzt. Zur Zeit, in der diese Aufnahmen entstanden, gab es zum Wasserholen dauerhaftere und billigere Emailleeimer. Die Fabrikation von Emaillegefäßen und ihr Verkauf in den Dorfläden hat die Töpfer und Böttcher arbeitslos gemacht, in sehr kurzer Zeitspanne übrigens. Es war ja auch praktischer und bequemer, zum Beispiel in Emailleeimern Wasser zu transportieren. Sauberer wurde das Wasser dadurch freilich nicht. Wer möchte schon sich selbst oder seine Wäsche in dem Wasser aus diesem Fleet waschen? Bestimmt war es noch nicht in dem Maße chemikalisch verschmutzt, wie das heutzutage für Wasser zutrifft. Dafür dürfte sich darin Jauche befunden haben und wohl auch häuslicher Abfall. Außerdem stand das Vieh zur Tränke im Wasser.

Solche kleinen Tümpel hinter dem Haus, solche Stege, von denen aus Wasser geschöpft oder Wäsche gespült wurde, sind eigentlich nur in Gedichten hübsch (Abb. 9). Es ist nicht sicher, ob die Frau in der weissen Schürze, die auf den Steg zugeht – wahrscheinlich von Thomas Backens angewiesen, denn die Kinder und die zweite Frau schauen interessiert zu – ob sie also das Wasser nicht auch zum Kochen benutzte. Gerade in der Marsch gab es nicht immer gute Brunnen, und manche Kate dürfte gar keinen gehabt haben. Auch mußte das Vieh mit diesem Wasser aus den Gräben getränkt werden. Die dazu benötigten großen Wassermengen holten die Viehhalter normalerweise nicht aus einem Brunnen. Das Wassertragen für den Viehstall gehörte zu den harten Winterarbeiten.

In der Regel trugen die Frauen oder Männer dafür eine „Dracht" auf den Schultern, ein mit Halsausschnitt gearbeitetes Holz, an dem die Eimer hingen. Die Frau an dem Fleet trägt solch eine Dracht. Die Frau an dem Wassertümpel hat keine. Sie hat wahrscheinlich für den Fotografen doch noch ihre weiße Schürze und ihre Hemdbrust angelegt, die sie aber nicht mit der schmutzigen und verschwitzten Schultertrage verderben wollte. In solchen kleinen Häusern mit offenen Herden muß es ein Kunststück gewesen sein, sich wenigstens ein oder zwei gestärkte weiße Kleidungsstücke zu erhalten. Es konnte gar nicht ausbleiben, daß die meisten Kleider schmuddelig aussahen.

Das Mädchen, das vor der „Achterdör" abwäscht, hat offenbar Zeit gehabt, sich ein frisches Kleid anzuziehen und eine saubere Schürze umzubinden (Abb. 10). Oder hatte sie beides zufällig an, als der Fotograf kam?

Wer sie so sieht, vor ihrem Holzbottich neben dem Zinkeimer, zwischen den Hühnern und Katzen, mit dem frischen Rocksaum dicht über der Erde, gewinnt den Eindruck, daß sie nicht viel auf das saubere Kleid gegeben hat – es sei denn, sie hat es wieder ausgezogen, nachdem der Fotograf seine Arbeit beendet hatte. Schließlich wird sie ja vor dem Abwasch das dazu benötigte Wasser geholt – aus der Pumpe oder einem Teich – und es auf dem Feuer gewärmt haben, vorausgesetzt natürlich, sie hat mit warmem Wasser abgewaschen, was allerdings nicht sicher ist.

Das Foto ist offensichtlich vor der Hintertür eines größeren Hofes aufgenommen worden. Im Halbdunkel ist eine ganze Reihe von Fenstern zu erkennen. Auch ist die Abwäsche ziemlich umfangreich. Es sind nicht nur viele, sondern auch recht große Gefäße, die da auf dem Trockenreck zum Abtropfen stehen. Ein praktisches Gestell, das vor allem für Milcheimer und Milchkannen benötigt wurde. Sie wurden in der Regel draußen gespült, während man das Küchengeschirr wohl nur bei gutem Wetter hinaustrug.

Wenn die Sonne schien, war das Leben angenehmer. Die Fenster wurden geöffnet. Wer irgend konnte, arbeitete außerhalb des Hauses. In diese Reetdachhäuser zog die Wärme nur zögernd ein, heizbar war ohnehin nur ein kleiner Teil. So war das Sitzen vor der Wand in der Sonne eine Wohltat. Auch Greten (Anna-Margarethe) Delfs saß gerne vor der Tür und strickte. Dabei qualmte sie kräftig vor sich hin (Abb. 11). Das war ihr einziger Luxus. Von Greten Delfs wissen wir etwas mehr. Sie wurde 1844 in Warfen im südlichen Dithmarschen geboren. Schon als Kind hat sie immer mitarbeiten müssen. Sie heiratete einen „Dienstknecht", der 46jährig starb. Greten blieb allein mit sieben Kindern in einem kleinen Haus. Etwas baufällig war es schon, wie zu sehen ist, aber es war doch ein eigenes Heim, hatte sogar zwei Zimmer und eine Küche. Die Küche dürfte so ähnlich ausgesehen haben wie auf unserer Abbildung 7. Jedenfalls hatte sie ein offenes Feuer und eine Speisekammer.

Mit Hausputz hatte die Frau nicht viel Last. Die Fußböden wurden mit Sand bestreut. Die wenigen Möbel waren schnell einmal abgewischt. Greten arbeitete für andere Leute und strickte zum Erwerb tagaus, tagein Strümpfe für Soldaten. Dieses Stricken war ihre Haupteinnahmequelle.

11 Um sich und ihre Kinder zu ernähren, strickte Greten Delfs Strümpfe für Soldaten. Bei schönem Wetter saß sie gern vor ihrer Haustür.

12 Das Austragen der Post auf solchen unbefestigten Wegen war wohl alles andere als ein Vergnügen.

Mit Pferd und Wagen über Land

Wenn Greten Delfs oder eine andere der Frauen damals ins Dorf oder zu entfernteren Nachbarn wollten, mußten sie die Wege gehen, die der Briefträger täglich oder wenigstens einige Male in der Woche zu passieren hatte (Abb. 12). Für den Fotografen stellte er sich doch lieber auf die Grasnarbe neben der nassen Fahrspur. Diese Strecken in der Marsch dürften nicht nur naß, sondern auch glitschig gewesen sein – Kleieboden!

Auf solchen Wegen war es gut, Schuhe mit dicken Holzsohlen an den Füßen zu tragen und auch derbe Wollsocken, die warm hielten – für die meisten die beste Möglichkeit, die Füße vor Feuchtigkeit zu schützen. Die Frauen vom Lande hatten damals bestimmt nicht oft Gelegenheit, mit Pferd und Wagen zu fahren. Wir wissen, daß sie zehn, auch zwanzig Kilometer Hinweg und die gleiche Strecke Rückweg zu Fuß in Kauf nahmen, wenn sie ihre Besorgungen erledigten.

Zeitsparender und bequemer waren natürlich Pferd und Wagen — wenn beides zur Verfügung stand. Der am meisten verbreitete Typ war der Bauwagen, ein „Vielzwecklaster", das klassische Fahrzeug der Bauernhöfe. Durch einfaches Umstekken ließen sich Deichseln für „1 PS" oder für „2 PS" anbringen. Das Auswechseln oder Ergänzen der Seitenteile rüstete den Wagen um vom Transport der Ernte zum Transport von Stein und Erde, vom Omnibus zum Möbeltransporter. Vor der Gastwirtschaft von Julius Jarrens hält solch ein Wagen, auf dem Möbel gestapelt sind (Abb. 13).

Der junge Mann vor dem Haus von Hinrich Glück – auch heute noch vielen bekannt als „Glück im Winkel" – hat vermutlich eingekauft (Abb. 14). Rechts hinter ihm steht ein Milchtransporter. Das ist ein anderer Typ, der speziell am Ende des vergangenen Jahrhunderts entwikkelt wurde. In den achtziger Jahren des 19. Jahrhunderts kamen nämlich die Meiereien auf, zu denen die Milch täglich hingefahren wurde. Das geschah oft in Sammelladungen auf niedrigen und flacheren Fahrzeugen oder aber auf der zweirädrigen Sturzkarre. Sie wurde auch für Sand und Steine gebraucht, zum Beispiel beim Deichbau. Der Kasten ließ sich nach hinten abkippen, was freilich beim Milchtransport tunlichst zu vermeiden war (Abb. 15).

Wer eine Menge Kisten zu transportieren hatte, bevorzugte den flachen Rollwagen, auch eine spezielle Entwicklung des vorigen Jahrhunderts für Rollgüter, die damals mit der Bahn befördert wurden und auf solchen Pferdewagen weitertransportiert wurden. Er war vorwiegend im Stadtverkehr gebräuchlich, weil die Straßen in der Stadt damals in der Regel schon befestigt waren, im Idealfall sogar ein schönes Pflaster

13 Umzug auf dem „Universaltransporter".

14 Ein Bau- und ein Milchwagen vor „Glück im Winkel".

15 Der Sturzkarren: Vielseitig nutzbares, geländegängiges Fahrzeug.

16 Butter für St. Quentin: Nachschub im ersten Weltkrieg.

besaßen wie auf unserem Foto. Es entstand in Marne, im ersten Weltkrieg wahrscheinlich, denn die Kisten enthalten laut Aufschrift Meiereibutter, die für die Marketenderei in St. Quentin bestimmt war (Abb. 16).

Für die Landwege, die wir vom Briefträgerfoto her kennen, waren die Räder der Rollwagen zu klein. Sie fuhren sich fest, auch wenn zwei Pferde davor gespannt waren. Das wußte auch der Lieferant des Petroleums (Abb. 17). Leider kennen wir seinen Namen nicht. Er war aber ein erfahrener Mann, der sich einen flachen, sogar zweistöckigen Wagen konstruieren ließ, der besonders gut zur Aufnahme von Petroleum in Haushaltsportionen geeignet war. Der Mann füllte das Petroleum offensichtlich aus den Fässern, die hinter dem Wagen liegen, in diese Kannen um. Sie besaßen eine schmale Tülle, mit der sich Petroleumlampen nachfüllen ließen. Bemerkenswert: Der Fahrer ließ sich einen Wagen mit großen Hinterrädern bauen, ähnlich wie die Bauwagen der Bauern, die geländegängig genug waren auch für Äcker. Und viel besser als Äcker waren manche Wege sicher nicht, die der unbekannte Mann bei der Belieferung seiner Landkundschaft befahren haben wird.

In den beschriebenen Kannen war das Petroleum damals auch in jedem Dorfladen lose zu kaufen. Dort standen zwischen den Lebensmitteln und Zuckersäcken immer auch Petroleumbehälter oder eine Petroleumpumpe, mit der der flüssige Brennstoff aus dem Faß im Keller heraufgepumpt wurde. Wer solche Haushaltskannen, solche Ladenpumpe oder auch eines der früher gebräuchlichen Fässer im Original sehen möchte, hat im „Dithmarscher Landesmuseum" in Meldorf Gelegenheit dazu – das Museum ist im Besitz zweier vollständig eingerichteter Dorfläden.

Zwei weitere Fahrzeuge der damaligen Zeit sind der Blockwagen und das Fahrrad. Die Blockwagen sahen aus wie kleine Bauwagen, und auch sie waren Universal-Fahrzeuge. Man mußte sie selber ziehen – oder einen Jungen dazu abordnen. Vielleicht nahm der sein kleines Geschwisterchen mit und ließ es auf der Ladung sitzen, wie der Junge im Matrosenanzug auf dem Foto vor Hermann Wersigs Kolonialwarenladen (Abb. 18). Das Bild ist 1912 in Kronprinzenkoog-Mitte (Kirchenstraße) aufgenommen worden. Damals war die kaiserliche Flottenpolitik so populär, daß sogar im Kronprinzenkoog Jungen in Matrosenanzügen herumliefen. Der Junge auf unserem Foto trug dazu lange Strümpfe und offensichtlich recht ausgetretene Schuhe.

Hinter seinem Blockwagen stehen zwei Männer mit Fahrrädern. Einer von ihnen ist ein richtiger Matrose. Der andere Mann mit dem Korb auf dem Rad war der Nachbar, ein Malermeister, auf dem Weg zur Kundschaft. Im Korb hatte er seine Malutensilien.

Das Fahrrad war damals neu. Wer eins besaß, dürfte mit ihm posiert haben, wenn der Fotograf auftauchte. Alle Besitzer zeigten ihr Gefährt mit einem gewissen Stolz. Solche Fahrräder mit luftbereiften Rädern gab es schon seit den 90er Jahren. Sie bürgerten sich aber erst allmählich ein. Fahrräder waren ein gewaltiger Fortschritt, solange kein Regen die Wege aufweichte. Diese Errungenschaft kam aber nur denen zugute, die sie bezahlen konnten: Es ist wohl kein Zufall, daß die stolzen Fahrradbesitzer vor der Gastwirtschaft von Julius Jarrens auf der Ab-

17 Petroleum in Haushaltsportionen, frei Haus geliefert.

18 Hermann Wersigs Colonialwarenhandlung in Kronprinzenkoog.

bildung 13 Schlips und Kragen, einen guten Anzug und sogar eine Uhrkette trugen.

Doch noch einmal zurück zum Bild 18, das Hermann Wersigs Kolonialwarenladen in Kronprinzenkoog zeigt. Er steht mit Frau und Sohn vor seiner Haustür. Wersig trägt die Uniform eines Polizisten oder Polizeidieners, wie damals gesagt wurde. Dem Amt Marne diente er als Ordnungshüter. Den Laden besorgte seine Frau, jedenfalls im täglichen Geschäftsbetrieb. Die beiden waren also Doppelverdiener. Vermutlich konnten sie in dieser weitläufig besiedelten Gegend mit einem kleinen Laden allein keine großen Reichtümer sammeln. Anders als Julius Jarrens, der nebenher eine Gastwirtschaft betrieb, auf seine Weise also auch Doppelverdiener war, wie übrigens viele Kaufleute und Gastwirte in den Dörfern. Seinem Haus ist anzusehen, daß es mehr einbrachte als die kleine Krämerei von Hermann Wersig und seiner Frau in Kronprinzenkoog.

Klönschnack vor der Haustür

Es war sicher nicht immer ein reines Vergnügen, zu Fuß gehen zu müssen, schon gar nicht auf den sandigen, kleiebedeckten Wegen. Aber alles hat auch seine gute Seite. Man traf seine Nachbarn, konnte sozusagen „nicht daran vorbeigehen". Fragen gab es immer: ob die Küken schon geschlüpft seien, ob die Kartoffeln schön angesetzt haben . . . (Abb. 19).

Das könnte auch hier das Thema gewesen sein, denn wir wissen, daß die Frau mit dem Spaten gegenüber wohnte und im Begriff war, auf ihr winziges Stück Kartoffelland zu gehen, wo ihr Mann damit beschäftigt war, die Kartoffeln aufzunehmen. Sie wollte ihm helfen, nahm dazu auch ihre Tochter mit, die etwas belustigt auf die Beendigung des Gespräches zu warten schien.

Offenbar redeten die Frauen aber gar nicht miteinander. Der Fotograf hatte sie nur gebeten, ein wenig wie im Gespräch stehenzubleiben. Vermutlich hatte sich die eine der beiden, nämlich Mutter Martens mit dem Spaten, dafür noch die bessere Schürze umgebunden. Auch hat sie schöne Lederschuhe an mit schmalen Sohlen, die im Gegensatz zu den Lederschuhen ihrer Tochter nicht nach Acker aussehen.

Die Schuhe waren dem Mädchen viel zu groß, sind offensichtlich von Muttern „abgesetzt" worden und müssen ganz schön „geschlupft" haben. Das machte der Tochter vielleicht nichts aus, weil sie in den Schuhen mit Sicherheit dicke, schützende Wollsocken trug.

Die alte Frau dort in der Tür hieß Marie Stoffers. Das Haus gehörte ihr, eine kleine Kate am Neuenkoogsdeich bei Marne. Der Deich lag damals schon mitten im Land, gesäumt von kleinen Häusern. Alte

19 Wenn die Nachbarin vor der Haustür stand, ließ man sich gern aufhalten auf dem Weg zur Feldarbeit.

20 Sie soll nie ohne Nachtmütze gesehen worden sein.

21 Schon wieder ein Aufenthalt auf dem Weg zur Feldarbeit.

22 Eine Ruhepause nach dem Ausspannen.

23 Zum Ausspannen eine Ruhepause an der Futterkrippe.

Deiche gehörten der Allgemeinheit und wurden als billiges Bauland für unvermögende Bewohner freigegeben. Das ist oft noch heute zu erkennen.

Vom Platz an der Giebelseite ihres Hauses konnte Marie Stoffers über eine Treppe unmittelbar auf den alten Deich steigen. Die Treppe bestand aus Steinen, die in die Böschung hineingelegt waren. Das ist auf der Abbildung 20 deutlich zu sehen. Der Betrachter sieht darauf Marie Stoffers mit einer Nachbarin beim Krabbenpulen. Die Nachbarin trägt übrigens eine Nachtmütze – ohne eine solche, heißt es, sei sie nie gesehen worden. Meistens soll sie dazu auch noch eine Pfeife geraucht haben.

Mutter Martens begegnet uns auf der Abbildung 21 noch einmal. Sie hat ihren Spaten geschultert, eine kleinere Tochter am Schürzenzipfel und spricht mit einem Nachbarn, der wie aus dem Bilderbuch geschnitten erscheint: mit tadelloser Mütze, mit halblanger Pfeife, mit sauberen Hemdsärmeln, gestützt auf eine Harke. Der kleine Junge neben ihm scheint im Vergleich dazu nicht so viel Wert auf sein Äußeres gelegt zu haben. Seine zu weiten Strümpfe sind heruntergerutscht, seine Schuhe schon ziemlich aufgebraucht. Offenbar trug er die Sachen älterer Geschwister auf. Bestimmt aber tat es der kleine Jnge links von Frau Martens. Aus seiner Hose ist er die nächsten fünf Jahre wohl nicht herausgewachsen.

Wer nicht unentwegt zu „marachen" hatte, wer gern ein Wort loswerden oder hören wollte, konnte viel Zeit damit verbringen, an den Häusern entlangzugehen. Irgendwo wurden sicherlich die Pferde getränkt, die Pause hatten von der Arbeit (Abb. 22). Irgendwo war ein Opa dabei, den Hofplatz mit einem gestielten Reisigbündel abzufegen, dem typischen Besen für Diele, Steine und Hof. Der Müßiggänger mag sich dabei auf die Futterkrippe gesetzt haben, die in der Tür stand (Abb. 23).

Oder es saß einer an der Straße und zerkleinerte das Holz für das Herdfeuer (Abb. 24). Der Junge, der bei ihm steht, kommt offensichtlich aus der Schule. Er besitzt keine Schulmappe, sondern trägt seine Tafel, sein Buch und die Federtasche lose unter dem Arm. Ranzen und Schultaschen sind eine verhältnismäßig neue Erfindung, noch neuer als die Schulpflicht. Etliche Schüler hatten damals immerhin eine Tasche aus geflochtenem Stroh oder einen Leinenbeutel.

24 Mit Tafel und Griffelkasten unterm Arm auf dem Schulweg.

25 Ein großes Ereignis: die beliebte „Pannkoken-Kapelle" gibt auf der Straße ein Konzert.

Daß die Musikanten aufspielten, erlebten die Kinder sicherlich nur in großen Dörfern oder in der Stadt, zum Beispiel in Marne (Abb. 25). Welch ein Ereignis das war, wird auf dem Bild nicht ganz deutlich. Die fotografierten Leute mußten ja alle stillstehen. Tanzen durfte keiner. Die Musiker hielten selbst ihre Finger schön still. Im Augenblick der Aufnahme war also nichts zu hören, es sei denn, ein Scherz über diese Pantomime – vielleicht ein Grund für das Lächeln des jungen Mädchens in der Tür.

Straßenmusikanten waren beliebte Gäste. Sie spielten für Geld, waren Berufsmusiker, die von Straße zu Straße, von Ort zu Ort zogen, jeweils nach dem Konzert an die Haustüre kamen, um in dem umgekehrten Hut ihren Lohn zu kassieren. Das war ihr „täglich Brot". Fette Tage gab es zu Hochzeiten, Beerdigungen und anderen besonderen Gelegenheiten, zu denen sie engagiert wurden.

Auch Lieferanten klopften an die Türen. Sie kamen mit dem Wagen,

26 Szene an einer gutbürgerlichen Hintertür: Lieferant, Dienstmädchen und das Töchterchen des Hauses.

27 Nachbarschaftshilfe, gestellt für den Fotografen, dessen Schatten sich im Vordergrund abzeichnet.

wie wir im vorigen Kapitel sahen. Sie kamen oft auch zu Fuß, mit einer Dracht und Körben oder Eimern (Abb. 26). Die Szene spielt vor der Hintertür eines wohlbestallten Bürgerhauses. Der Mann, der sich für den Fotografen in Positur stellt, hatte alles abgeliefert. In Empfang genommen hatte es die Frau in der Tür, vermutlich eine Mamsell, ein Dienstmädchen mit etwas angeschmutzter Schürze und ebenso angeschmutztem Rocksaum. Dergleichen konnte auch in einem wohlhabenden Hause bei der damaligen harten Arbeit nicht ausbleiben.

Die Backsteinlage des „Auftritts" vor der Tür war offensichtlich sauber geschrubbt. Dennoch läßt sich denken, daß das kleine Mädchen nachher gescholten wurde, weil es mit seinem adretten Kleidchen einfach auf der Türschwelle saß. Darf man das, wenn man wie ein Püppchen gekleidet und frisiert ist? (Für die Kinder von Mutter Martens hätte sich da kein Problem ergeben.)

Bisweilen half man sich auch nachbarschaftlich aus, und sei es mit einem Butt – wie es die beiden Alten mit der Kumme vor der Tür tun (Abb. 27). Das Haus stand am Trennewurther Deich, am „Dreiländereck", wo Kronprinzenkoog, Barlter und Trennewurther Deich aneinanderstoßen. Es steht dort noch, hat sich allerdings erheblich verändert. Sie war die Frau eines Milchwagenfahrers, hieß Greten Bätjer. Wenn sie und ihr Mann auf dem Sofa saßen und jeder sein Pfeifchen schmauchte, soll man im Zimmer kaum die Hand vor Augen gesehen haben. Der Mann, der den Butt bringt, ist ein Nachbar, ein Fischereihelfer, der für sich allein lebte, nach seiner Kleidung zu urteilen in nicht sonderlich guten Verhältnissen.

Das Bild ist gestellt. Der Fotograf hat sich einmal selber verraten. Sein Schatten ist links vorn erkennbar, sein Kopf auf dem unteren Teil des Rockes von Greten und sein Apparat links neben ihr. Er mußte nämlich so dicht an die beiden heran, weil das Haus auf der Deichkante steht, die unmittelbar vor der Haustür abfällt.

Jochen Hink und Wienken Stink sollen die beiden am Zaun in Windbergen genannt worden sein – nicht eben sehr schmeichelhaft (Abb. 28). Ihre Nachbarin, die an der fast schon modernen Bordsteinkante des Fußsteiges steht, hat offensichtlich gerade den Aschkasten ihres Herdes oder ihres Ofens geleert. Das Bild mutet die Älteren von uns noch vertraut an, weil es solche Zäune und auch solche Kantsteine an den Straßen bis in unsere Zeit gegeben hat.

Ungeklärt ist die Frage, ob die beiden Frauen wohl schwanger waren. Die schweren weiten Röcke, die sicherlich weiten Unterkleider und wohl auch Grütze und Kartoffeln als Hauptnahrungsmittel ließen die Leiber dazumal höher erscheinen, als wir es heute gewohnt sind.

Gewohnt sind wir auch nicht mehr die langen Röcke, die den Frauen früher Wärme gaben, aber auch schmutzanfällig waren. Auf diesem Bild ist besonders gut zu sehen, daß die Frauen sich das Gehen in den langen Röcken erleichterten, indem sie den Saum vorne höher trugen.

28 Die vorn gekürzten Röcke sollten vor Schmutz geschützt werden und das Gehen erleichtern.

Thomas Backens war nicht der einzige, der sich für das Leben der Fischer und Landbewohner interessierte. Am Neufelder Hafen traf er einen „Kollegen von der anderen Zunft", ein Hamburger Maler soll es gewesen sein, der mit „Vatermörder" (steifer Kragen), Zigarre und Schiffermütze einen Kutter porträtierte, naturalistisch, sozusagen fotografisch genau (Abb. 29). Nur daß der Kutter auf dem Bild frei im Wasser schwimmt, während das vor dem Künstler liegende Modell am Ufer festgemacht hat, mit hochgezogenem Segel, möglicherweise dem Maler zuliebe.

Wir sehen hier nicht nur einen „Freiluftmaler" bei der Arbeit. Wir sehen alte Fischerboote aus der motorlosen Zeit (Abb. 30). Es sind verhältnismäßig breite und flachliegende Kähne, nicht unähnlich den – allerdings größeren – Frachtschiffen. Die Frachtschiffe hatten einen grossen und einen kleinen Mast (anderthalb Masten). Auf einem Schiff findet eine ganze Männergesellschaft Platz. Es soll sich bei den in Positur stehenden Herren um die Mitglieder des „Marner Skatclubs" handeln, die das Marner Heimatmuseum gründeten und unterhielten. Prominente waren es. Und Thomas Backens hat es so einrichten können, daß er selbst mit aufs Bild kam. Er steht in selbstbewußter Haltung vor dem hinteren Mast, den Hut etwas schief, eine Hand in der Jackentasche, jeder Zoll ein Meister, der alles arrangierte und dann selbst nichts mehr zu tun brauchte. Die weiße Mütze, die der Mann rechts neben ihm trägt, verrät einen Anhänger des Radfahrer-Sports. Es soll der Marner Kaufmann Heinrich Claußen sein.

29 Maler – und Fotograf! – entdeckten den Reiz des „einfachen Lebens".

30 Thomas Backens war mit von der Partie. Er steht vor dem hinteren Mast.

31 „Jan Himp" – mit alter Soldatenmütze und Stummelpfeife – wußte, was die Gäste hören und sehen wollten.

32 Auf der Entenjagd: In solchen Situationen wirken auch steife Kragen malerisch.

Im übrigen ist diese Szenerie jedem Freund von Neufeld wohlvertraut. Die Häuser stehen noch auf dem Deich, die Pfähle noch am Ufer. Nur die Schiffe sind ausgeblieben, wenigstens die Frachtschiffe, die Küstensegler von damals oder Kümos von heute.

Neufeld machte sich damals Hoffnung, ein richtiger Badeort zu werden. Wen wird es also wundern, daß sich bei einem so lebhaften Betrieb auch ein junger Schiffer oder Fischer mit einer „Quetschkommode" auftreiben ließ, der offensichtlich schon Erfahrung mit Gästen aus der Stadt hatte oder sehr viel Intuition besaß (Abb. 31). Er sitzt da wie ein Jan Himp, barfüßig, mit nackter Brust, auf der ein Anker tätowiert ist, mit Stummelpfeife und alter Soldatenmütze. Das Akkordeon ist ein altes Modell mit kleinen Schalltrichtern über der rechten Hand.

Und auch die Eigner der beiden Kutter mit den unternehmungslustigen Männern unter vollen Segeln wußten, was Gäste gerne wollten (Abb. 32). Sie hielten im flachen Wasser, um den Nimrods der Elbe Gelegenheit zu geben, sich dem Fotografen zu stellen. Offensichtlich waren sie im Begriff, zur Entenjagd zu segeln. Es erscheint eindrucksvoll, wie sich die zugeknöpfte Herrenmode von damals unter diesen besonderen Existenzbedingungen in eine malerische Kostümierung verwandeln ließ. Der lange Haken wurde übrigens gebraucht, um die abgeschossenen Enten aus dem Schilf oder von anderen unzugänglichen Stellen zu holen.

Als vergnügliche Kostümierung erscheinen uns auch die damaligen Badeanzüge (Abb. 33). So ist es wohl immer: was einem selbst vertraut ist, gibt anderen Gelegenheit zum Lachen. Verschlimmert wird es noch dadurch, weil die Badenden sich denkmalmäßig aufgebaut haben, obgleich sie eigentlich auf munteres Tummeln im Wasser eingestellt sein sollten. Das liegt aber in der Tücke des Objekts. Der Fotograf brauchte eben seine Zeit.

Zwei der Badegäste sind übrigens mit dem Fahrrad gekommen, vermutlich die beiden Männer. Die Räder lehnen an der Umkleidebude, die sich auf Rollen den Deich hochziehen ließ, wenn das Wasser hoch stieg. Die beiden Fenster lassen vermuten, daß sie zwei Abteilungen enthielt, wahrscheinlich je eine für Herren und Damen.

Aufgenommen wurde das Foto vermutlich im Kaiser-Wilhelm-Koog. Dorthin wurden damals von Marne aus häufig Badeausflüge unternommen, oft verbunden mit Tanz im Grünen, nach den Melodien eines „Schifferklaviers", das hier ein kaum auffallender, einfach gekleideter Mann in der Mitte des Bildes spielt (Abb. 34). Er hält sein Instrument ziemlich hoch (vor dem weißen Kleid der Frau in der Mitte). Das Bild ist übrigens beinahe ein Schnappschuß, eine Aufnahme mit recht kurzer Belichtungszeit, wenn auch durch lange Vorbereitungszeit von all denen erwartet, die in die Linse gucken.

Auch in „Vatermörder" und langem Kleid konnten sich die Menschen ungezwungen bewegen, wenn sie sich nicht so unmittelbar unter Beobachtung fühlten oder gar zum Stillstehen genötigt wurden.

Die Fotos lassen uns einen Blick tun in die Zeit, in der das Landleben „entdeckt" wurde, wiederentdeckt wurde von „Bürgern", den Bewohnern größerer Ortschaften und Städte. Ob nun Maler, Badegast, Ausflügler, Entenjäger oder nur müßiger Spaziergänger, alle bedurften auch einer Erfrischung. Gaststätten stellten sich darauf ein,

33 Lachen verboten! Das war ganz ernst gemeint.

34 Sommervergnügen am Deich Anno 1900.

35 Alle schauen erwartungsvoll zum Fotografen – er war ein seltener Gast auf dem Elbdeich.

vor allem die an oder auf dem Deich (Abb. 35). In Neufeld boten sich dafür viele Voraussetzungen, weil es ohnehin Kneipen gab, wo Schiffer oder Fischer an Land gingen.

In Brunsbüttel hingegen entstand eigens für das erwachende Interesse an der Küste die „Strandhalle" auf dem Deich, die noch heute besteht (Abb. 36). Ihre Laufbahn begann mit gedrehten Säulen am Tresen und Damen in großen Kapotthüten, Männern in den schon mehrfach zitierten „Vatermördern" oder in dem „Rock des Kaisers". Das Bild ist so recht geeignet, von der „guten alten Zeit" zu schwärmen, von Muße und Erfrischung unter Petroleumlampen und in langen Kleidern mitten in der Woche.

36 Ein Ausflug zur Strandhalle.

Im „Kinderparadies"

Auch die kleinen Mädchen trugen oft lange Kleider und Schürzen, die gerne weiß bleiben sollten – wenigstens dann, wenn der Eindruck erwünscht war, daß es sich um wohlerzogene Kinder handelte. Die beiden kleinen Mädchen sehen aus, als gehörten sie zu diesen Kindern (Abb. 37). Die Frage stellt sich, ob sie immer so artig an der Böschung des Fleetes gespielt haben, auch, wenn der Fotograf nicht da war. Es ist übrigens der Fleet bei Norderwisch. Die Brücke im Hintergrund gehört zu der Straße Volsemenhusen/Barlt. Der Hof liegt dort noch, die Mühle ist allerdings verschwunden. Auch die beiden Hunde leben natürlich nicht mehr. Der vor dem Bauernhaus war „Leo Beeck", der dem Bauern Klaus Beeck gehörte.

Das Bild ist um 1896 von der Schule aus aufgenommen worden. Damals regierte in ihr der Lehrer Beckmann, dessen Nachkommen noch zu berichten wissen, daß er sich nicht nur um die Belehrung seiner Schüler kümmerte. Wenn den Knaben oder Mädchen die Haare zu lang wuchsen, schnitt er sie ab, oft völlig, wie es üblich war, wenigstens bei den Knaben. Stieß er dabei auf eine allzu dunkle Kopfhaut, möglicherweise auch auf vereinzelte „Untermieter", schickte er die „Opfer" zu seiner Frau. Mutter Beckmann nahm grüne Seife und wusch den Kindern im Fleet gehörig den Kopf. Das gehörte sozusagen zu den wohltuenden Nebenwirkungen der Pädagogik, wie übrigens auch das Baden der ganzen Gesellschaft im Sommer, Mädchen und Jungen – mit 100 Metern Fleet dazwischen.

Die beiden kleineren Mädchen vor dem Hecktor hätte sie sich vielleicht auch vorgeknöpft (Abb. 38). Wir wis-

37 Weitläufige Spielplätze am Fleetufer in der Marsch . . .

38 . . . und auf den Feldwegen der Geest.

39 Ernst und Otto schauen der Mutter beim Kartoffelschälen zu.

40 In weißer Schürze und Samtjacke zum Besuch der Nachbarin.

sen nichts von ihnen, können aber doch sagen, daß sie wie viele Arbeiterkinder aussahen. Barfuß die eine, die andere in viel zu großen, geerbten Schuhen. Die Kleider haben auch schon einiges hinter sich. In den engen Katen mit dem offenen Herdfeuer waren sie ohnehin nicht leicht sauber zu halten, abgesehen davon, daß die Spielplätze der Kinder zwischen Bullenweide und Stall auch nicht gerade zur Sauberkeit beitrugen. Das Foto ist zur Erntezeit gemacht worden. Die Mädchen haben Äpfel in der Hand. Der Junge, der sich am Rand in Positur gestellt hat, trägt eine auffällig geblähte Bluse. Es ist anzunehmen, daß er dort Apfelvorräte angesammelt hatte. Die Bluse war ein klassischer Platz zum Transport von Dingen, die nicht auffallen sollten oder mit denen man seine Hände nicht blokkieren wollte.

Alle Kinder, die wir auf den Bildern beim Spielen oder Zuschauen sehen, sind höchstens zehn oder zwölf Jahre alt. Die älteren spielten nicht mehr, sie arbeiteten. Noch um die Jahrhundertwende war es selbstverständlich, daß ein Arbeiterkind von zwölf oder dreizehn Jahren wenigstens im Sommerhalbjahr ganztägig zum Bauern ging, zum Handwerker oder – wenn es ein Mädchen war – in den Haushalt. Ebenso selbstverständlich war es, daß beide Eltern arbeiteten. Sie hatten nicht viel Zeit für ihre Kinder. Das ist auf allen Bildern zu spüren. Entweder sind die Kinder allein, oder sie schauen den Erwachsenen zu.

Die beiden, die ihrer Mutter beim Kartoffelschälen fachmännisch auf die Finger gucken, sind der 1900 geborene Otto und Ernst, 1903 geboren (Abb. 39). Ihre Mutter ist Maria Krohn, 1874 geboren, auf diesem Bild also etwa 32 Jahre alt. Sie hatte insgesamt fünf Kinder, das kleinste, Alma, lag noch in der Stube im Alkoven. Im Vordergrund hängt eine Windel von ihr zum Trocknen über einem Zweig.

Der Vater war Arbeiter und glücklicher Besitzer eines Häuschens, das zwei Stuben enthielt. Eine davon bewohnte die Großmutter, die andere die Familie. Die Familienstube hatte zwei eingebaute Betten, eines für die Eltern und das andere für vier Kinder, wobei zwei zum Kopfende und zwei zum Fußende schliefen. Das war praktisch und allgemein üblich.

Doch zurück zu dem Bild. Der Betrachter mag sich fragen, ob bei der Erläuterung ein Irrtum vorliegt. Das Kind an den Knien der Mutter trägt doch ein Kleid — und soll Ernst heißen? Trotz Kleid ist es ein Junge. Mütter zogen den kleinen Knaben gern Kleider ohne Höschen an, um keine Arbeit mit dem Abhalten zu haben. Wenn die Kinder gelernt hatten, selber zurecht zu kommen, bekamen sie die abgelegten Hosen des älteren Bruders. So wie Otto, der in seinen weiten Hosen und dem viel zu großen Oberhemd lässig an der Wand lehnt. Das Samtband übrigens, das der kleine Ernst um den Hals trägt, ist kein mädchenhafter Schmuck, sondern es soll gegen Zahnschmerzen helfen.

Die drei halten sich übrigens zwischen Hauswand und Brunnen auf, zu dem die Bretterverschalung gehört. An dem senkrechten Pfahl sind Kette und Handgriff der Winde zu erkennen. Die Straße hinter dem Brunnen führt nach Neufeld. Das Haus steht in Kattrepel. Halbverdeckt von dem Brunnenkasten ist eine Ziege zu erkennen, die „Kuh des kleinen Mannes". Bestimmt gehörte auch eine Katze zum Haushalt. Ihre Schüssel steht vor dem Eimer, nur hat sie sich nicht mit dem Fotografen vertragen. Typisch ist auch die Sense, die in das Reetdach gesteckt ist, um kein Unheil anrichten zu können.

Auch die anderen Bilder lassen erkennen, daß der Platz vor oder hinter dem Haus für alle möglichen Arbeiten oder auch einmal für eine Mußestunde benutzt wurde (Abb. 40). Wenn zum Beispiel die Nachbarn zusammenkamen, um sich über die besonderen Probleme einer Katze zu unterhalten, wie auf unserem Bild vom Marner Deich um etwa 1904. Von den zwei Kindern scheint wenigstens das Mädchen nicht so recht zu wissen, wie es sich betragen soll – mit seiner weißen Schürze zwischen all den Erwachsenen und vor der großen fremden Kamera. Ein Junge kann im Zweifelsfall wenigstens die Hände in den Hosentaschen vergraben oder sich an die Wand lehnen, wenn er keine Sorge um seine Kleidung zu haben braucht!

Kleidersorgen haben die beiden sicher nicht, die der Fotograf bei der Frau am Waschbottich und dem Mann mit der Säge an der „Achterdör" fotografierte (Abb. 41). Das Bild zeigt die Gruppe in ihrer Arbeitskleidung, die Kinder wieder als Zuschauer in Hemden, Jacken und Hosen, die schon eine Menge mitgemacht haben. Dazu trägt der eine „barfuß", der andere Wollsocken und Pantoffeln.

41 Immer wieder zu sehen: Viel Hausarbeit wurde vor der Tür erledigt, besonders bei Sonnenschein.

Auch die Jungen auf dem Foto mit der Gans tragen Wollsocken, während die Mädchen barfuß im Sand sitzen (Abb. 42). Eine andere Wahl gab es anscheinend nicht. Baumwollsocken kosteten Geld und hielten nicht lange. Wollstrümpfe strickten Oma oder Mutter. Nicht immer kamen sie dazu, auch die Löcher zu stopfen, wie man sieht.

Frau, Kinder und Gans gehören zur Familie Junge am Neuenkoogsdeich bei Marne. Das Bild ist um 1900 aufgenommen worden. Mutter Junge, die in der Tür steht, war zu diesem Zeitpunkt etwa 29 Jahre alt (geboren 1881). Sie hatte fünfzehn Kinder, die freilich damals noch nicht alle geboren waren. Da die Kinder wie üblich frühzeitig zum Bauern kamen, brauchten sie nicht alle gleichzeitig in dem kleinen Haus zu wohnen. Immerhin war es stets gut belegt.

Drei der Kinder schliefen in einer Kammer zusammen in einem Bett, an dessen Kopfende auch die Gans ihren Schlafplatz hatte. Jede Nacht kam sie dorthin. Sie legte da ihre Eier, brütete sie aus, und eines Morgens waren dann auch die Gössel an diesem Platz geschlüpft. Frau Junge sorgte dafür, daß Mutter Gans nicht Nest oder Stube beschmutzte, wenn sie während der Brutzeit an „ihr" Bett gefesselt war.

Die Schule war für die Kinder damals eine Nebenbeschäftigung, der sie, wie bereits erwähnt, auch nur in jüngeren Jahren nachgingen. Mit zwölf oder dreizehn Jahren kamen sie dann nur noch ein- oder zweimal in der Woche oder allenfalls in den Wintermonaten in die sogenannte „Dispensierschule", welche für Kinder eingerichtet war, die zur Arbeit gingen. In der Regel wohnten die Kinder jedoch bei ihrem Brotherren wie Knecht und Magd, das heißt, wie die im Hause wohnenden Arbeitnehmer. Es ist also vielleicht kein Zufall, daß auf dem Foto vom Turnen auf dem Schulplatz vorwiegend kleinere Kinder zu sehen sind, etwa sechs- bis zwölfjährige (Abb. 43). Sie scheinen zu einer zweiklassigen Schule zu gehören, da auf dem Bild ein zweiter Lehrer mit Strohhut und einer Gruppe etwas größerer Kinder zu sehen ist.

Die Kinder laufen auch hier barfuß oder in Wollsocken und viel zu grossen Stiefeln, tragen Hüte oder Mützen oder fast kahle Köpfe. Das Kahlscheren war beliebt, erleichterte die Pflege der Haare und wurde ja auch von dem Lehrer, wie im Falle Lehrer Beckmann am Fleet von Norderwisch, gehandhabt. Im übrigen zeigt das Foto ein Bild aus der „alten Schule". Die Kinder bilden einen akkuraten Kreis, schauen aufmerksam zu ihrem Lehrer auf und scheinen zu wissen, wie man sich vor dem Fotografen benimmt, mögen sie auch kahlköpfig oder barfüßig dastehen.

42 Diese Gans gehörte zur Familie. Sie durfte sogar im Bett brüten.

43 Auf dem Schulhof zur Kaiserzeit: Keiner tanzte aus der Reihe.

44 Die Anmut der schönen Fischerinnen trügt: Krabbenfang war harte Arbeit.

Vor der Jahrhundertwende gingen Frauen auf Krabbenfang. Sie benutzten dazu große Schiebenetze, „Jallen" oder „Schiebehamen" genannt, die sich zusammenklappen und unter dem Arm tragen ließen. Es war sehr schwer, diese Netze zu schieben, die Frauen mußten dazu oft bis zu den Knien oder gar bis zu den Hüften im Wasser stehen, selbst im Oktober oder November.

Der Fang wurde gesiebt und in eine Kiepe geschüttet, die wie ein Rucksack auf dem Rücken getragen wurde. Auf dem Foto beugt sich die junge Frau gerade über so eine Kiepe (Abb. 44). Dieser Frau möchte man glauben, daß sie tatsächlich auf Krabbenfang gegangen ist. Ihre beiden Begleiterinnen – sie tragen die Netze zusammengeklappt unter dem Arm – erwecken den Eindruck, nur für den Fotografen darzustellen, wie Krabbenfang früher gehandhabt wurde.

Anders ist es auf dem Foto mit den Männern, die in Kolonne schieben und ein Boot dabei haben (Abb. 45). Es nimmt die Fänge auf, so daß die Fangmenge nicht durch das Fassungsvermögen der Kiepe begrenzt wird. Diese Männergruppe hat den Krabbenfang offensichtlich rationalisiert. Entweder fühlte man sich bereits in der Konkurrenz der ersten Fischkutter oder aber der nächste Schritt war die Anschaffung eines Kutters. Sie lohnte sich erst, wenn der Absatz größerer Mengen gesichert war.

Bis in die 80er Jahre des vorigen Jahrhunderts fischten – wie oben erwähnt – vorwiegend Frauen, die dazuverdienten oder ihre Kinder allein ernährten. Sie verkauften ihre Ware an Kunden, die zu Fuß oder mit dem Hundewagen vom Deich aus

45 Am Anfang einer neuen Zeit: Krabbenfang, neu organisiert.

46 Solche Fischerboote ließen sich noch auf das Vorland ziehen.

47 Diese ersten Fischkutter besaßen nur ein Fanggeschirr.

erreichbar waren. Die Eisenbahn eröffnete neue Möglichkeiten. Mit ihr erst entwickelte sich die Kutterfischerei, und zwar nach der Fertigstellung der Zweigbahn von St. Michaelisdonn über Marne nach Friedrichskoog im Jahre 1884.

Die ersten Kutter sind in den Jahren der Bahnbauten angeschafft worden. Sie waren nur klein, waren größere Boote, wie die S. H. 2803 (Abb. 46). Solche Schiffe ließen sich noch auf die Kante des Vorlandes ziehen. Sie brauchten nicht unbedingt einen Hafen.

Die Fischereihäfen von Friedrichskoog und von Büsum haben sich erst in unserem Jahrhundert entwickelt. Vorher wohnten viele Fischer irgendwo am Deich oder auch in Neufeld, wo der kleine abwrackreife Kutter sowie die Fischer und Boote an der Mole fotografiert worden sind (Abb. 47). Sie fuhren noch mit Segeln hinaus und fischten nur mit einem Fanggeschirr und nicht – wie heute – mit zweien.

Rund um das Haus

Wir können uns freuen, daß sich Thomas Backens nicht nur für schöne alte Bauernhäuser interessierte, wie viele Maler seiner Zeit. Backens kam es nicht so sehr darauf an, die alten Häuser in ihrer vorteilhaftesten Ansicht zu zeigen. Auf seinen Fotos ist immer „etwas los", und sei es, daß ein Mann mit halblanger Pfeife sinnierend am Zaun der Schweinekoppel steht (Abb. 48).

Wer genau hinsieht, erkennt vor der Stalltür des Bauernhauses im Hintergrund eine Frau, vermutlich die Bäuerin. Links von ihr befindet sich ein großes Reck zum Trocknen der Wäsche, rechts einige umgestülpte Milchkannen. Sie sind fast verdeckt vom Misthaufen, in dessen Schutz die Kannen gewaschen wurden. Man mag schaudern und einen offensichtlichen Mangel an Hygiene feststellen – doch diesen Dingen standen die Menschen damals völlig anders gegenüber.

Es sieht ganz so aus, als wollte der Bauer ein schönes Bild von seinem Hof haben, aber auch gern selber darauf erscheinen. Auch das Motiv mit Pferd und Wagen am Fleet spiegelt eine typische Hofstelle von damals wider (Abb. 49). Misthaufen, Federvieh, Jungtiere, Flaschenständer, Jauchegruben, abgestellte Geräte, aufgeweichte Wege gehörten zur Umgebung des Hauses.

Und alte Schuppen gehörten dazu, Lagerplätze für Holz und Torf zum Feuern, zur Lagerung für Rüben, Kohl und was man sonst noch so brauchte.

Die Bilder geben auch einen kleinen Eindruck davon, daß die Bewohner von Bauernhöfen und oft auch von Katen weitgehend auf Selbst-

48 Die Hauskoppel gehörte zu jedem Bauernhaus.

49 Wenn der Hahn kräht auf dem Mist . . . früher selbstverständlich, heute eine Seltenheit.

versorgung eingerichtet waren. Künftige „Braten" liefen auf dem Hof herum oder standen im Stall. Rinder wurden nur selten geschlachtet. Die klassischen Fleischlieferanten waren das Schwein und das Geflügel. Hühner, Enten und auch Gänse wurden auch als Eierlieferanten gehalten. Die Tiere ernährten sich mit selbst gesammeltem „Mischfutter", das sich im Garten und auf dem Misthaufen fand. Das gab den Eiern eine gute Würze. Weitere selbst produzierte Nahrungsmittel waren die Milch des eigenen Milchviehs, Mehl und Grütze aus eigener Ernte.

Wenn auch die Grütze damals eine große Rolle in der Ernährung spielte, mochte man doch auch gerne mal etwas anderes. Rüben und Kohl ließen sich im Garten oder auf einem kleinen Feldstück anbauen und für den Winter einlagern. Obst kam aus dem „Appelhoff" (Apfelhof), der zu den meisten Bauernhöfen gehörte. Sehr viele Höfe besassen auch einen eigenen Backofen, oft ein eigenes Backhaus, mit dem für das tägliche Brot gesorgt wurde. Die Katenbewohner mußten sehen, daß sie jemanden fanden, der ihnen Gastrecht für das Brotbacken gewährte oder sich mit einfacheren Mitteln behelfen.

Die Feuerung wurde weitgehend selbst gewonnen, zumindest auf der Geest. Dort lieferten die Moore den Torf und Knicks den „Busch", der dann kleingehackt werden mußte. Das erforderte Kraft. Manche Stämme hatten einen Durchmesser in der Stärke von Armen und Beinen. Normalerweise ließ man das Buschwerk auf dem Knick etliche Jahre wachsen, damit es handfeste Feuerung abgab. Es eignete sich sehr gut als Brennmaterial zum Kochen, da es schnell Feuer fing und eine gute Hitze entwickelte. Doch ehe eine Menge Buschwerk kleingeschlagen war, die über den Winter reichen sollte, war manches Frühstücksbrot verzehrt. Die Gerätschaften zum Zerkleinern des Holzes waren einfach: Ein Beil, ein Haublock, der aus einem abgesägten Stück Baumstamm bestand (Abb. 50).

Nur die dicken Stücke mußten zersägt werden, notfalls auch einmal zu zweit (Abb. 51). Auf unserem Foto sieht das nicht gerade sehr glaubwürdig aus. Solche Hölzer schaffte ein Mann allein, wenn er einen brauchbaren Bock dazu hatte. Der war natürlich auch selbergemacht, allerdings aus Vierkanthölzern, die vom Sägewerk gekommen sein dürften. Zu vermuten ist, daß dieser Bock auf einem Bauernhof stand.

50 Selbstversorgung mit krisenfestem Brennmaterial.

51 Eine scharfe Säge und ein Sägebock fehlten nur selten im Haus.

52 Für die Bewohner von Arbeiterkaten hatte die Kaiserzeit auf dem Dorfe wenig Glanz.

Auf dem Foto, das den Mann vor seiner Kate beim Sägen zeigt, ist der Bock nicht aus den oben erwähnten Vierkanthölzern hergestellt, sondern aus natürlichen Rundhölzern (Abb. 52). Dieser Mann konnte sich keine gesägten Hölzer leisten.

Ebensowenig reichte es zu einer Kuh. Das beste Stück Vieh war eine Ziege, die „Kuh des kleinen Mannes". Ziegen lassen sich melken und scheren, geben Wolle, sind genügsam und lassen sich irgendwo am Wegesrand anpflocken, um zu fressen.

Der Mann mit dem großen Hammer in der Hand ist keineswegs im Begriff, seine Ziege zu schlachten. Er führt das Tier an einer Kette, deren Ende an einem Pflock befestigt ist (Abb. 53). Diesen Pflock hat er vermutlich gleich darauf irgendwo am Wegesrand in die Erde geschlagen, dort konnte die Ziege dann grasen.

Rechts auf dem Acker ist übrigens ein Arbeiter dabei, mit Kniesense und Haken Korn zu mähen. In der rechten Hand hält er die kurze Sense hoch, mit der er weit ausholt. Das geschnittene Korn rafft er mit einem Haken, den er in der linken Hand hält, zu garbengroßen Haufen zusammen. Ein anderer Mann ist damit beschäftigt, diese Haufen zu Garben zu binden. Das Mähen mit der kurzen Sense war etwas mühselig, hatte aber auch Vorteile, wenn das Korn lag, es ließ sich dann leichter aufbinden.

Doch noch einmal zurück zu den Ziegen. Die alte Frau und der Junge haben sich dekorativ in die Ecke gestellt, wohl für den Fotografen (Abb. 54). Das Foto ist vermutlich von der kleinen Diele in einer Kate aufgenommen, auf deren anderem Ende der Herd gestanden haben dürfte. Die Ziege war also Mitbewohner des Hauses. Sicher hat niemand Anstoß daran genommen, daß sie einen besonders strengen Geruch, der auf dem Foto für uns natürlich nicht wahrnehmbar ist, verbreitete. Wegen der völlig anderen hygienischen Verhältnisse müssen die Gerüche ein „Kapitel" für sich gewesen sein – Gerüche in den Häusern und Gerüche, die die Menschen mit sich herumtrugen.

54 Die Ziege war die „Kuh des kleinen Mannes". Sie lebte in der Kate oft auf Tuchfühlung mit den Menschen.

53 Ziegen ernährten sich von dem, was am Wegesrand wuchs.

Und zum Schluß: Porträts

55 Ein gemachter Mann, der weiß, was in der Welt geschieht.

Den Schluß soll eine Reihe von Fotos bilden, die etwas vom bisherigen Thema wegführen. Gezeigt wird ein Ausschnitt aus der Arbeit des Porträtfotografen Thomas Backens.

Die Fotografie – und mit ihr Thomas Backens – hat es auch weniger begüterten Menschen ermöglicht, sich porträtieren zu lassen. Wer konnte sich schon ein Porträt leisten, das ein Maler anfertigte? Das kostete viel Geld, ein Grund dafür, daß wir aus früheren Zeiten fast nur Porträts von vermögenden Leuten kennen. Die Fotografie erst hat uns mit den einfacheren Menschen bekanntgemacht.

Die ersten Fotografen haben sich bei der Porträtfotografie von den Ansichten der Porträtmaler leiten lassen. Das wird sehr deutlich bei dem Foto von dem Mann, der auf seinem Stuhl sitzt – in gutem Anzug (Abb. 55). Er raucht eine lange Pfeife, hält in der Hand die Zeitung „Hamburgischer Correspondent". Neben ihm steht ein Porträt, das seine Mutter oder seine Frau darstellen mag, mit einem Blumenkranz gerahmt, dazu eine Porzellantasse und Rauchutensilien. Mit einem Wort: Vor uns sitzt ein gemachter Mann, der weiß, was in der Welt geschieht. So hätte ihn auch ein Maler festhalten können.

Niemand kann einen Zweifel daran haben, was das Hobby des Mannes ist, der über seine Brille hinweg einen Falter beguckt, seine Hand auf der Botanisiertrommel liegen hat, dabei als wohlsituierter Bürger Schlips und steifen Kragen sowie eine bestickte Hausmütze trägt (Abb. 56). Eine etwas schrullig anmutende Erscheinung, aber dank des bedeu-

56 Sein Steckenpferd ist unverkennbar. Er sammelt Falter und Schmetterlinge.

57 Ein Feierabend, wie aus dem Bilderbuch.

58 Für ihn war der einfache Stuhl in der Stubenecke ein stiller Platz zum Ausruhen.

tungsvoll komponierten Bildes für uns bestimmbar. Es gehört halt zu einem guten Porträt, daß der Betrachter erkennt, mit wem er es zu tun hat.

Ein Gegenbild des Bürgers ist der Bauer, der kleine Bauer oder Kätner in unserem Falle, der in seinem Sonntagsstaat in der Seitentür (Blangdör) sitzt, die Pfeife mit seiner verarbeiteten Hand umklammert hat, als sei sie die danebenstehende Mistforke, die andere Hand auf den Rand der Tür – auf seinen Besitz – gelegt (Abb. 57). Ein Bild vom ehrwürdigen, in Mühe und Arbeit altgewordenen Mann, der die Ruhe des Lebensabends demonstriert.

Das Ausruhen, die Mußestunde, besinnliches Nachdenken oder ein kleiner Schwatz an der Tür sind beliebte Motive, auch von Malern jener Zeit. Der Mann, der still in der Ecke seiner Stube sitzt, ist in mancher Hinsicht ein Gegenbild zu den alten Frauen am Anfang dieses Buches (Abb. 58). Er lebt inmitten einer altertümlichen Einrichtung, mit Wandbett hinter sich, Kommode und Stühlen in dem weitverbreiteten Stil dörflichen Biedermeiers. Über ihm befindet sich der neue Regulator, die klassische Uhr der Gründerzeit. Er hält die Hände still. Sie haben Feierabend, wenn der Mann zu Hause ist, im Unterschied zu den Händen der Frau, die immer noch etwas tut, zum Beispiel die Stricknadeln in Bewegung hält.

Feierabend ist auch auf dem Bild festgehalten, auf dem der Alte mit der jungen Frau an der „Grotdör" steht, die auf die Diele eines Bauernhauses führt, für den Individualverkehr aber eine quergeteilte „Klöhndör" besitzt (Abb. 59). Sie wurde sicher nicht zum Klöhnen erfunden, sondern um Licht und Luft hereinzulassen, ohne daß auch gleich Vieh mit hineinlaufen kann. Der Mann raucht seine Pfeife, die Frau hat den Strickstrumpf noch nicht aus der Hand gelegt.

59 Selbst beim Klönen an der Grotdör finden die Hände der Frau keine Ruhe.

60 Als die Wagen noch im Ort gemacht wurden.

61 Im Porträt: Ein Schlachter mit Familie vor seinem Betrieb.

62 Auch zu Kaisers Zeiten wurde nicht alles bierernst genommen.

63 Lotsen an der Kanalmündung.

Damals ließen sich auch Personengruppen porträtieren, beispielsweise bei der Arbeit. Die vier Stellmacher (Wagenbauer), deren Gewerbe der Motorisierung zum Opfer fiel, haben sich eigens für den Fotografen aufgebaut (Abb. 60). Jeder soll sehen, was sie von Berufs wegen tun und wer sie sind. Wir dürfen annehmen, daß der Mann mit dem Hut oben auf dem Wagen der Juniorchef ist, der Mann zwischen den Rädern in seiner neuen Weste mit Hemdsärmeln und einem Zugmesser in der Hand der Geselle für die Holzarbeiten, der junge Mann rechts in der Lederschürze der Geselle für die Schmiedearbeiten. Dazu gehört noch der Lehrling, ganz links, der scheinbar am Reifen feilt und den Amboß vor sich stehen hat. Solche Berufsporträts waren sehr beliebt.

Bei dem anderen Bild handelt es sich um einen Schlachtermeister, der sich mit seiner Familie, dem Altgesellen (ganz links) und seinen nächsten Werkstücken vor der Haustür aufgebaut hat (Abb. 61). Sicherlich ist auch das Schaufenster eigens für den Fotografen, den der Meister natürlich bestellt hatte, dekoriert worden.

Ob auch die muntere Runde vor der „Colonialwarenhandlung" den Fotografen gerufen hatte oder ob der zufällig vorbeikam, läßt sich nicht mehr feststellen. Auf jeden Fall ist auch dieses Bild „gebaut" worden, immer nach dem Grundmuster der Symmetrie wie alle anderen auch (Abb. 62). Offensichtlich nahm man es mit „des Kaisers Rock" (Soldatenuniform) und des Reiches Glorie nicht immer so ernst, wie es auf manchen offiziellen Bildern zu sein scheint. Das Tischtuch mußte als Fahne herhalten, Zivilist und Soldat haben die Kopfbedeckung getauscht. Die Kornschaufel wird mehr als Zepter denn als Gewehr benutzt, die Fässer werden geritten wie Pferde. Es könnte so gewesen sein, daß hier Urlaub oder Heimkehr des Soldaten (mit Kaiser-Wilhelm-Bart) gefeiert wurde, und zwar vor der Tür des „Supermarktes".

In der Kolonialwarenhandlung gab es auch Emaillegefäße, Porzellan und viele andere Dinge. Außerdem war sie mit einer Gaststätte und der Poststelle verbunden. Die Schilder rechts neben der Tür weisen darauf hin: „Telegrafenhilfsstelle" steht auf dem oberen Schild, „Öffentliche Fernsprechstelle" auf dem unteren. Auch gehörte ein Ausspann dazu (links), eine Garage für Gäste, wie wir heute sagen. Im Ganzen ein wohlausgestattetes Haus, ein Treffpunkt für Leute mit und ohne Kragen, in feinen Schuhen oder Stiefeln, mit einfachem Rock oder Uhrkette auf der Weste.

Eine Uhrkette auf der Weste und Schiffermütze auf dem Kopf haben fast alle sechs Männer, die auf dem Deck eines Bootes stehen, einen Haufen Ölzeug vor sich (Abb. 63). Es sind eindeutig Lotsen, die sich auf ihrem Boot an der Kanalmündung fotografieren ließen. Sie bilden eine zwanglose Gruppe. Mit ihnen wird der Eindruck eines Schnappschusses erweckt, dessen Reiz, die Unmittelbarkeit, damals durchaus von Thomas Backens erkannt wurde, dem aber technische Schwierigkeiten entgegenstanden. Offensichtlich haben auch diese Herren ein bißchen auf das „Abknipsen" gewartet. Ihre Zwanglosigkeit wirkt bei genauerem Hinsehen doch etwas gestellt.

Wie einfach scheint es dagegen, jemanden zu fotografieren, der gelassen in die Kamera zu schauen versteht – im Alter, wenn man sich und anderen nichts mehr vorzumachen braucht, ist das vielleicht am einfachsten (Abb. 64).

Hier, zum Schluß, schaut uns ein Mann an, der bestimmt nicht mit den Reichtümern dieser Welt gesegnet war. Seine Schultern sind gebeugt, seine Hände groß und schwer, sein Gesicht gezeichnet von einem Leben zwischen Deich und Geest, einem Leben, wie wir es uns heute kaum noch vorstellen können – und doch liegt noch kein Jahrhundert dazwischen.

Wieviel weniger aber würden wir davon ahnen ohne die Fotos von Thomas Backens!

64 Seine Schultern sind gebeugt, seine Hände groß und schwer –
sein Gesicht ist gezeichnet vom Leben auf dem Dorfe in der Kaiserzeit.